AF221787

Impressum
Verlag: BABADADA GmbH, Nedderfeld 112 , 22529 Hamburg
Geschäftsführer / Verlagsleitung: Harald Hof
Druck: Books on Demand GmbH, In de Tarpen 42, 22848 Norderstedt

Imprint
Publisher: BABADADA GmbH, Nedderfeld 112 , 22529 Hamburg, Germany
Managing Director / Publishing direction: Harald Hof
Print: Books on Demand GmbH, In de Tarpen 42, 22848 Norderstedt, Germany

escuela

escuela

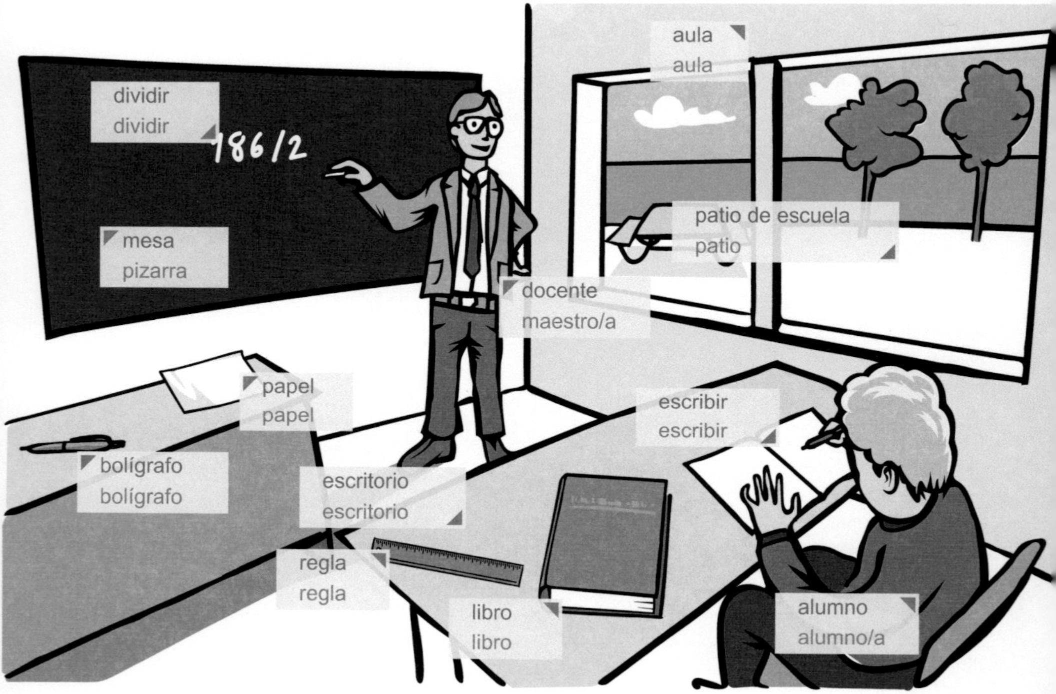
aula
aula
dividir
dividir
186/2
mesa
pizarra
patio de escuela
patio
docente
maestro/a
papel
papel
escribir
escribir
bolígrafo
bolígrafo
escritorio
escritorio
regla
regla
libro
libro
alumno
alumno/a

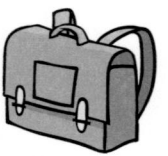

mochila escolar

cartera

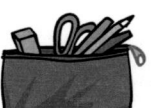

caja de lápices

caja de lápices

lápiz

lápiz

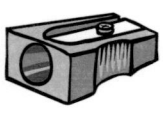

sacapuntas

sacapuntas

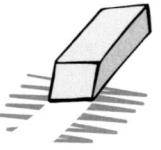

goma de borrar

goma de borrar

bloc de dibujo

cuaderno de dibujo

dibujo

dibujo

pincel

pincel

caja de pinturas

caja de pinturas

tijera

tijeras

pegamento

pegamento

libro de ejercicios

cuaderno de ejercicios

tarea

deberes

número

número

sumar

sumar

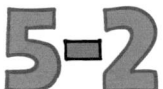

restar

restar

multiplicar

multiplicar

calcular

calcular

letra

letra

alfabeto

alfabeto

palabra

palabra

texto

texto

leer

leer

tiza

tiza

lección

lección

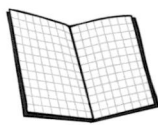

libro de clase

cuaderno de notas

examen

examen

certificado

certificado

uniforme escolar

uniforme escolar

educación

educación

enciclopedia

enciclopedia

universidad

universidad

microscopio

microscopio

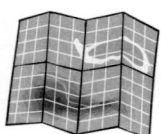

mapa

mapa

cesto de papeles

papelera

viaje
viaje

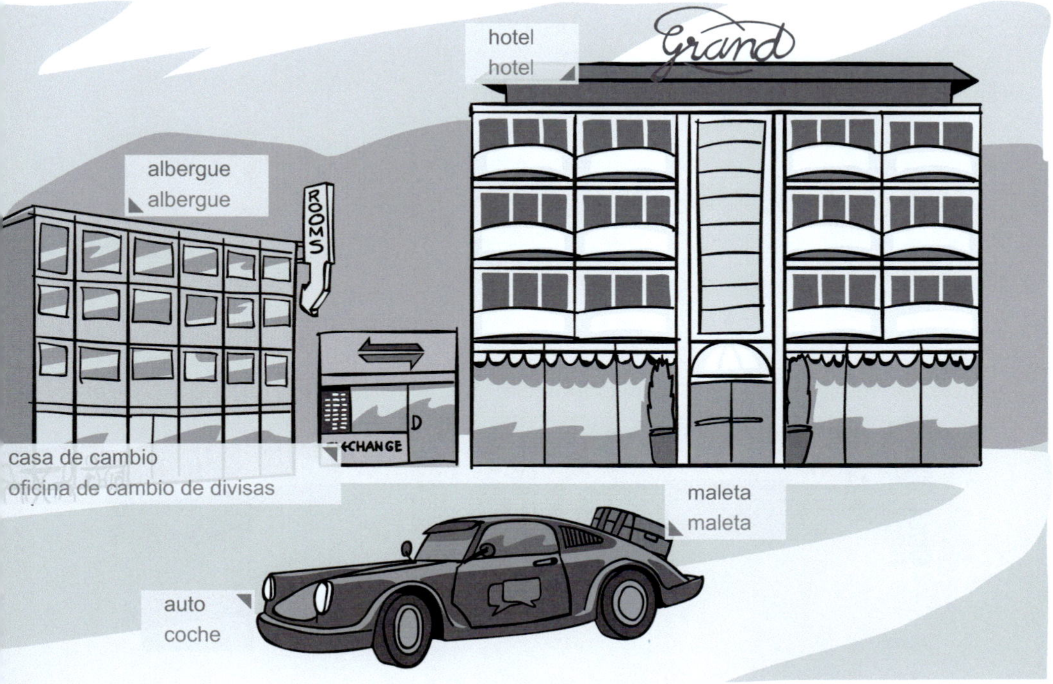
hotel
hotel
Grand
albergue
albergue
ROOMS
casa de cambio
oficina de cambio de divisas
maleta
maleta
auto
coche

idioma

idioma

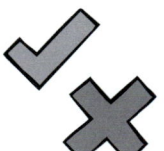

sí / no

sí / no

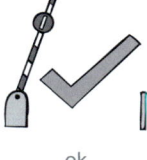

ok

Vale

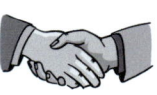

hola

hola

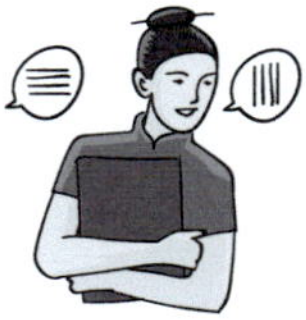

intérprete

traductor

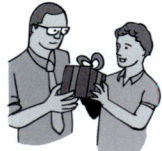

gracias

Gracias

¿Cuánto cuesta…?

¿cuánto es…?

No entiendo

No entiendo

problema

problema

¡Buenas tardes!

¡Buenas tardes!

¡Buenos días!

¡Buenos días!

¡Buenas noches!

¡Buenas noches!

adiós

adiós

dirección

dirección

equipaje

equipaje

bolso

bolsa

mochila

mochila

invitado

invitado

cuarto

habitación

saco de dormir

saco de dormir

tienda de campaña

tienda de campaña

información al turista
información turística

playa
playa

tarjeta de crédito
tarjeta de crédito

desayuno
desayuno

almuerzo
almuerzo

cena
cena

pasaje
billete

ascensor
ascensor

sello
sello

límite
frontera

aduana
aduana

embajada
embajada

visa
visa

pasaporte
pasaporte

transporte
transporte

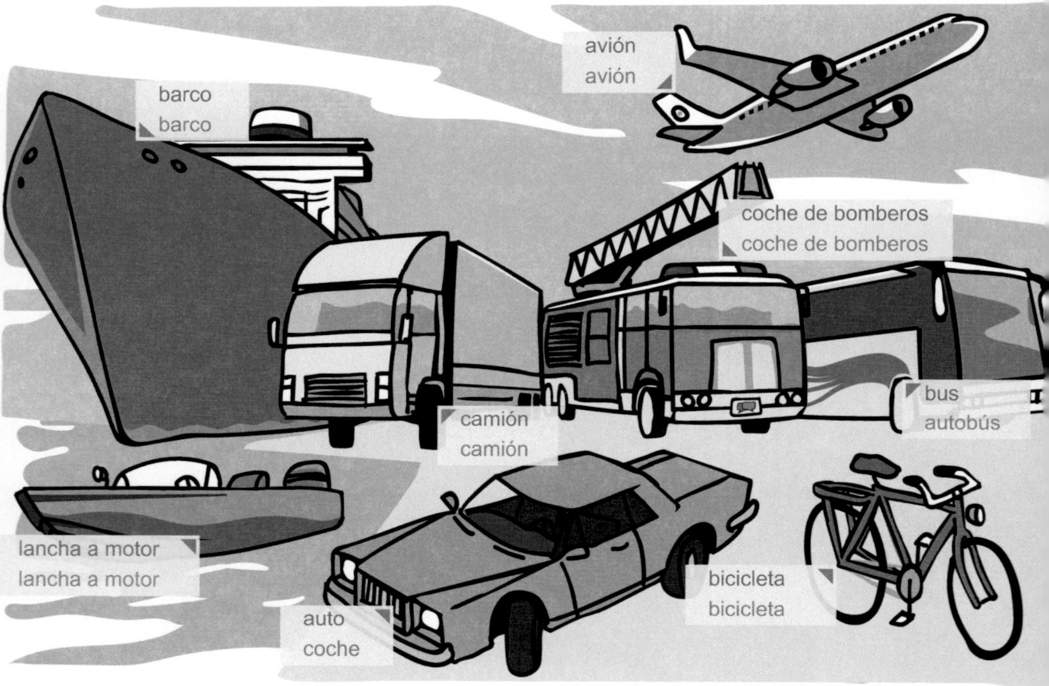
avión
avión
barco
barco
coche de bomberos
coche de bomberos
bus
autobús
camión
camión
lancha a motor
lancha a motor
bicicleta
bicicleta
auto
coche

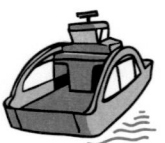

balsa

transbordador

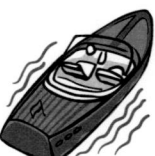

lancha

barca

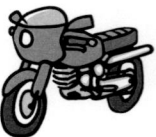

motocicleta

moto

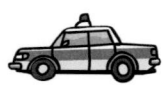

auto de policía

coche de policía

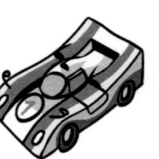

auto de carreras

coche de carreras

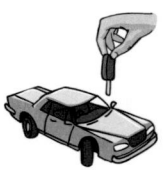

auto de alquiler

coche de alquiler

alquiler de autos

préstamo de vehículos

grúa

grúa

vehículo recolector de basura

camión de la basura

motor

motor

gasolina

gasolina

gasolinera

gasolinera

señal de tráfico

señal de tráfico

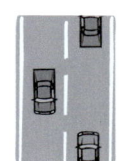

tránsito

tráfico

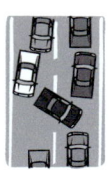

atasco

atasco

estacionamiento

aparcamiento

estación de tren

estación de tren

carril

vías

tren

tren

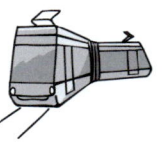

tranvía

tranvía

vagón

vagón

helicóptero

helicóptero

aeropuerto

aeropuerto

torre

torre

pasajero

pasajero

contenedor

contenedor

caja de cartón

caja de cartón

carro

carretilla

cesta

cesta

despegar / aterrizar

despegar / aterrizar

ciudad

ciudad

aldea

pueblo

centro de la ciudad

centro de ciudad

casa

casa

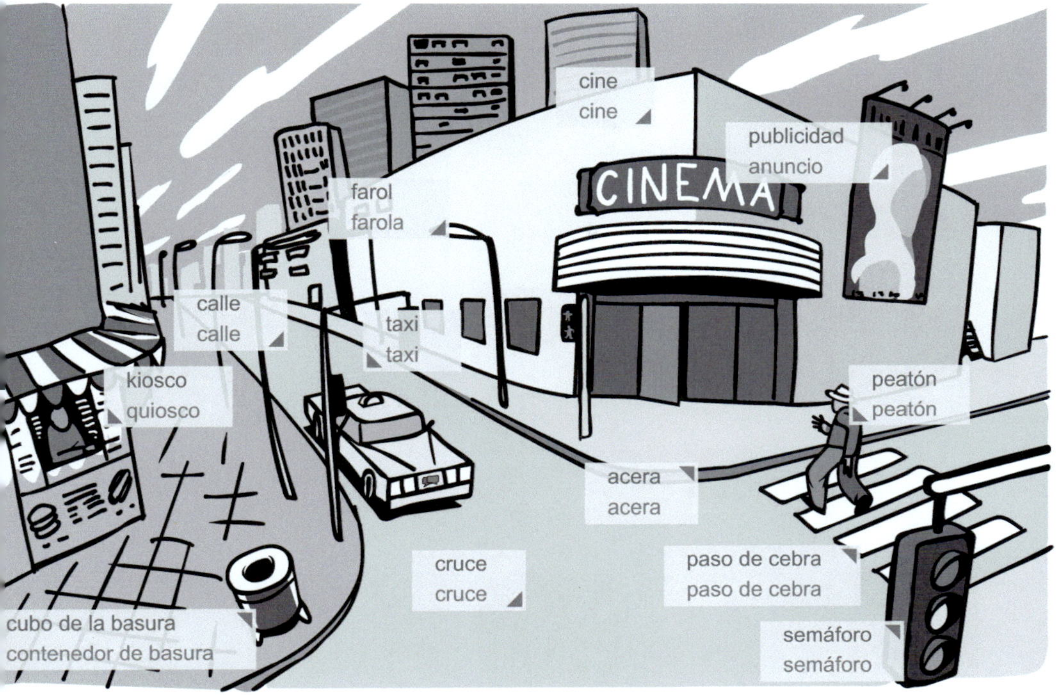

cine
cine

publicidad
anuncio

farol
farola

CINEMA

calle
calle

taxi
taxi

kiosco
quiosco

peatón
peatón

acera
acera

cruce
cruce

paso de cebra
paso de cebra

cubo de la basura
contenedor de basura

semáforo
semáforo

cabaña
cabaña

apartamento
apartamento

estación de tren
estación de tren

ayuntamiento
ayuntamiento

museo
museo

escuela
escuela

ciudad - ciudad

universidad

universidad

banco

banco

hospital

hospital

hotel

hotel

farmacia

farmacia

oficina

oficina

librería

librería

negocio

tienda

florería

floristería

supermercado

supermercado

mercado

mercado

grandes almacenes

grandes almacenes

pescadería

pescadería

centro comercial

centro comercial

puerto

puerto

parque

parque

banco

banco

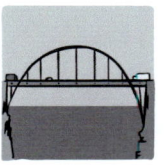

puente

puente

escalera

escaleras

metro

metro

túnel

túnel

parada de autobuses

parada de autobús

bar

bar

restaurante

restaurante

buzón de correo

buzón

letrero

poste indicador

parquímetro

parquímetro

zoológico

zoo

piscina

piscina

mezquita

mezquita

granja
granja

polución
contaminación

cementerio
cementerio

iglesia
iglesia

parque infantil
patio de juego

templo
templo

paisaje
paisaje

hoja
hoja

indicador de camino
señal

sendero
camino

pradera
prado

piedra
piedra

caminante
excursionista

árbol
árbol

río
río

pasto
hierba

flor
flor

valle

valle

montaña

colina

lago

lago

bosque

bosque

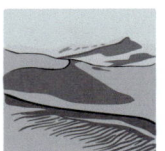

desierto

desierto

volcán

volcán

castillo

castillo

arco iris

arcoíris

seta

champiñón

palmera

palmera

mosquito

mosquito

mosca

mosca

hormiga

hormiga

abeja

abeja

araña

araña

escarabajo

escarabajo

rana

rana

ardilla

ardilla

erizo

erizo

liebre

liebre

lechuza

lechuza

pájaro

pájaro

cisne

cisne

jabalí

jabalí

ciervo

ciervo

alce

alce

embalse

presa

aerogenerador

turbina eólica

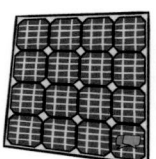

módulo solar

panel solar

clima

clima

restaurante

restaurante

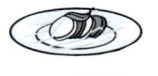

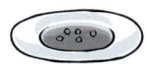

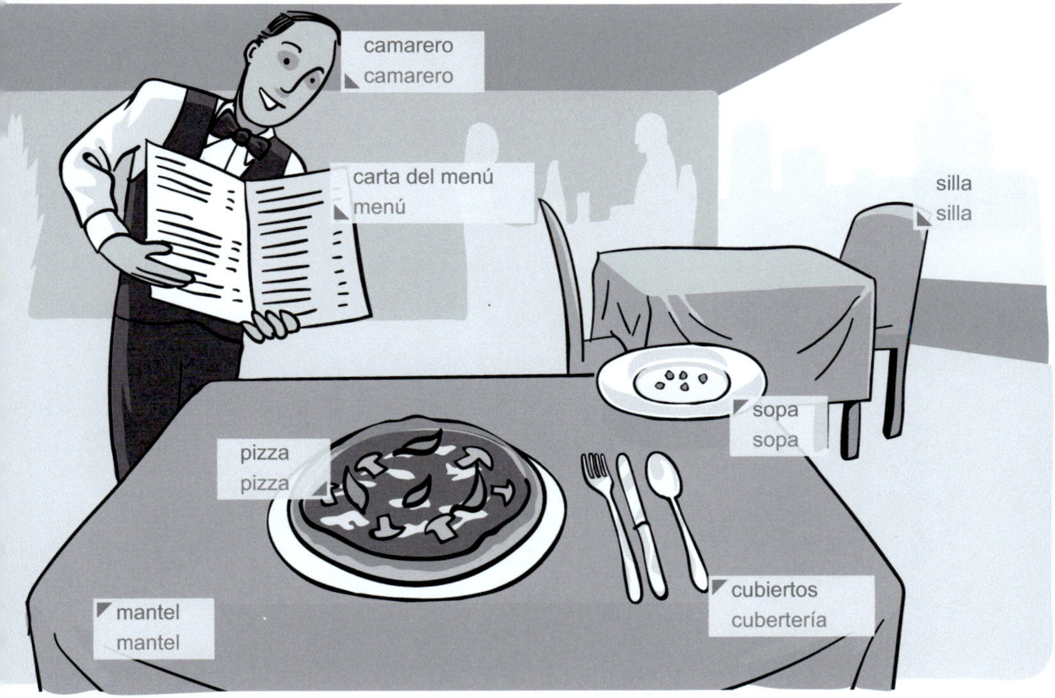
camarero
camarero
carta del menú
menú
silla
silla
sopa
sopa
pizza
pizza
mantel
mantel
cubiertos
cubertería

entrada

primer plato

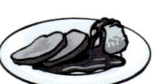

plato principal

plato principal

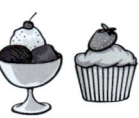

postre

postre

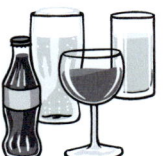

bebida

bebidas

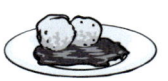

comida

comida

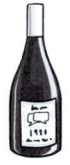

botella

botella

comida rápida

comida rápida

comida callejera

comida callejera

tetera

tetera

azucarera

azucarero

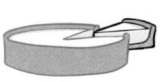

porción

porción

máquina de espresso

cafetera expreso

silla alta

trona

factura

cuenta

bandeja

bandeja

cuchillo

cuchillo

tenedor

tenedor

cuchara

cuchara

cuchara de té

cucharilla

servilleta

servilleta

vaso

vaso

plato

plato

plato de sopa

plato hondo

platillo

platillo

salsa

salsa

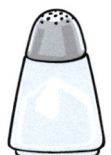

salero

salero

molinillo para pimienta

molinillo de pimienta

vinagre

vinagre

aceite

aceite

especias

especias

ketchup

ketchup

mostaza

mostaza

mayonesa

mayonesa

supermercado
supermercado

oferta
oferta especial
FOR
cliente
cliente
productos lácteos
lácteos
fruta
fruta
carrito de compras
carro de la compra

BUTCHERS

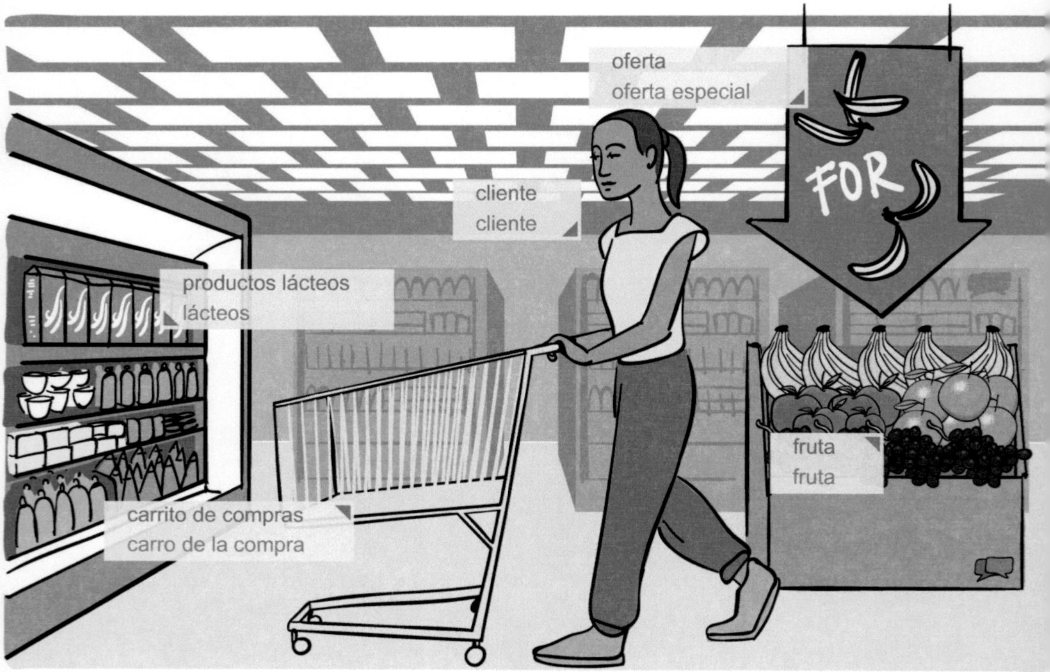

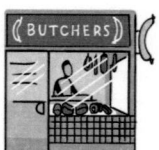

carnicería

carnicería

BAKERY

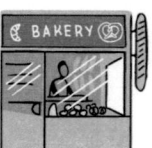

panadería

panadería

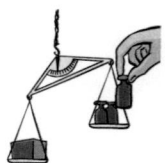

pesar

pesar

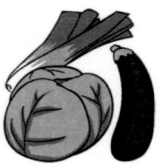

verdura

verduras

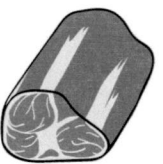

carne

carne

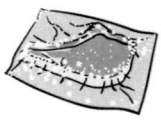

alimentos congelados

alimentos congelados

fiambre

fiambres

conservas

conservas

detergente en polvo

detergente en polvo

dulces

dulces

artículos domésticos

productos de uso doméstico

productos de limpieza

productos de limpieza

vendedora

vendedora

caja

caja

cajero

cajero

lista de compras

lista de la compra

horario de atención

horario de atención al público

cartera

cartera

tarjeta de crédito

tarjeta de crédito

maleta

bolsa

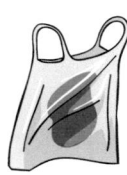

bolsa plástica

bolsa de plástico

agua

agua

jugo

zumo

leche

leche

refresco de cola

cola

vino

vino

cerveza

cerveza

alcohol

alcohol

cacao

cacao

té

té

café

café

espresso

expreso

cappuccino

capuchino

banana

plátano

manzana

manzana

naranja

naranja

sandía

melón

limón

limón

zanahoria

zanahoria

ajo

ajo

bambú

bambú

cebolla

cebolla

seta

champiñón

nueces

avellanas

fideos

fideos

espagueti

espagueti

arroz

arroz

ensalada

ensalada

patatas fritas

patatas fritas

patatas salteadas

patatas fritas

pizza

pizza

hamburguesa

hamburguesa

sándwich

sándwich

escalope

filete

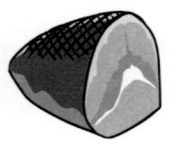

jamón

jamón

salame

salami

embutido

salchicha

pollo

pollo

asado

asado

pescado

pescado

copos de avena

copos de avena

musli

muesli

copos de maíz tostado

copos de maíz

harina

harina

croissant

cruasán

panecillo

panecillo

pan

pan

tostada

tostada

galletas

galletas

mantequilla

mantequilla

cuajada

cuajada

pastel

pastel

huevo

huevo

huevo frito

huevo frito

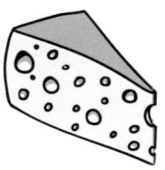

queso

queso

helado

helado

azúcar

azúcar

miel

miel

mermelada

mermelada

praliné

crema de turrón

curry

curry

granja

granja

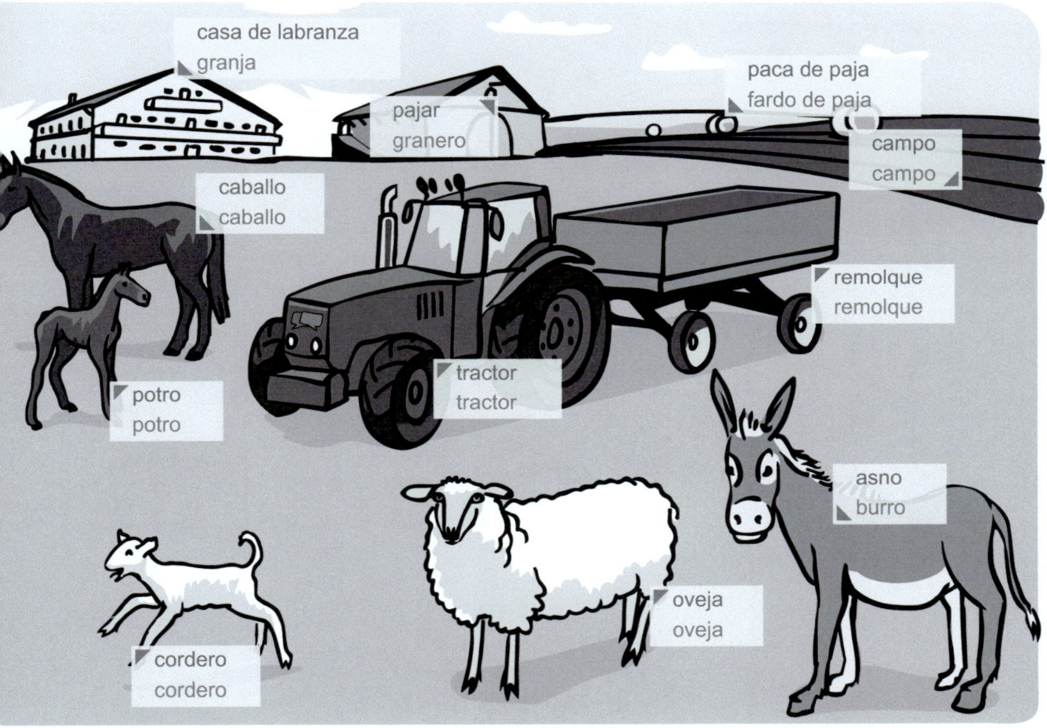
casa de labranza
granja
paca de paja
fardo de paja
pajar
granero
campo
campo
caballo
caballo
remolque
remolque
tractor
tractor
potro
potro
asno
burro
oveja
oveja
cordero
cordero

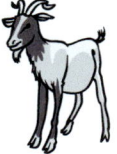

cabra
cabra

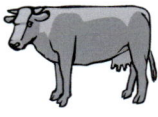

vaca
vaca

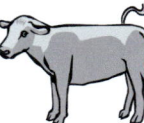

ternero
ternero

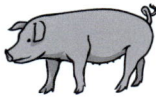

cerdo
cerdo

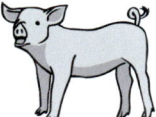

lechón
cerdito

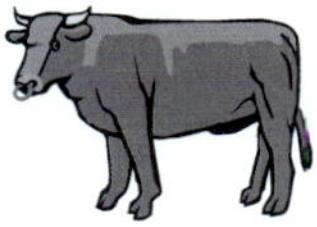
toro
toro

ganso

ganso

pato

pato

polluelo

pollo

pollo

gallina

gallo

gallo

rata

rata

gato

gato

ratón

ratón

buey

buey

perro

perro

caseta del perro

perrera

manguera de riego

manguera

regadera

regadera

guadaña

guadaña

arado

arado

hoz

hoz

azada

azada

bieldo

horca

hacha

hacha

carretilla

carretilla

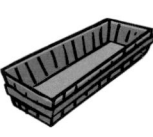

abrevadero

abrevadero

lechera

lechera

saco

saco

cerca

valla

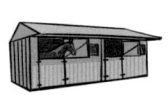

establo

establo

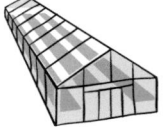

invernadero

invernadero

suelo

suelo

semilla

semilla

fertilizante

fertilizador

cosechadora

cosechadora

cosechar

cosechar

cosecha

cosecha

raíz de ñame

ñame

trigo

trigo

soja

soja

patata

patata

maíz

maíz

colza

semilla de colza

Árbol frutal

árbol frutal

mandioca

mandioca

cereales

cereales

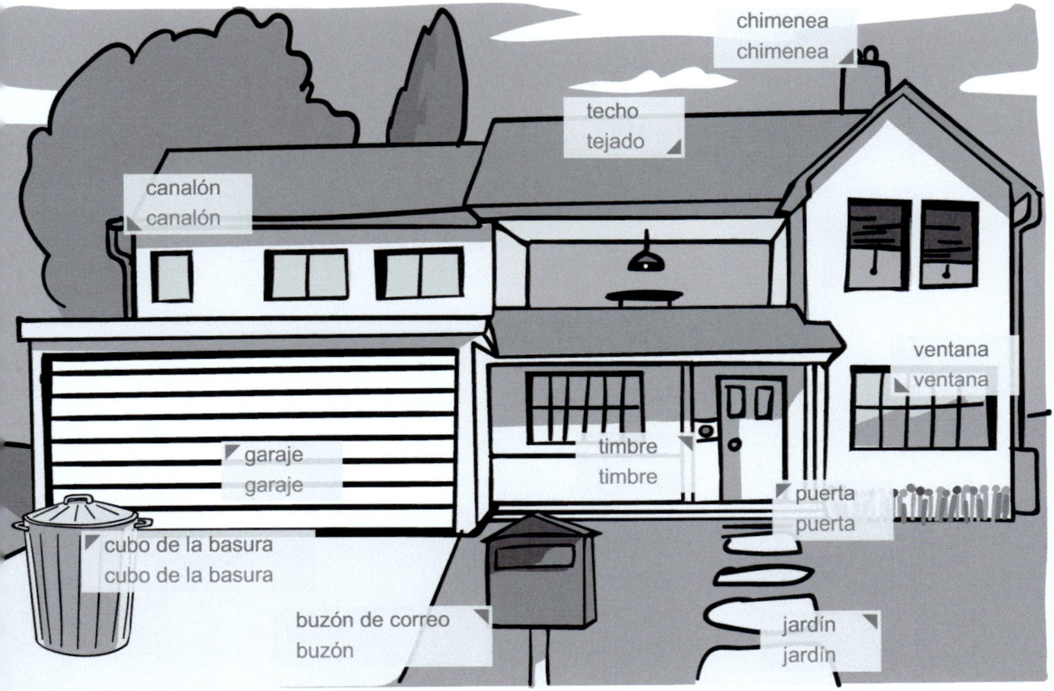

chimenea
chimenea

techo
tejado

canalón
canalón

ventana
ventana

garaje
garaje

timbre
timbre

cubo de la basura
cubo de la basura

puerta
puerta

buzón de correo
buzón

jardín
jardín

cuarto de estar
sala

cuarto de baño
cuarto de baño

cocina
cocina

dormitorio
dormitorio

cuarto de los niños
habitación de los niños

comedor
comedor

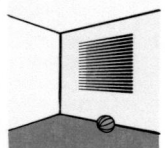

piso

suelo

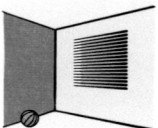

pared

pared

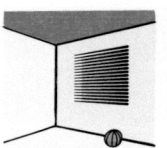

cielorraso

techo

sótano

sótano

sauna

sauna

balcón

balcón

terraza

terraza

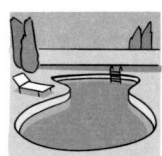

piscina

piscina

cortacésped

cortacésped

funda nórdica

sábana

edredón

colcha

cama

cama

escoba

escoba

cubo

balde

interruptor

interruptor

cuarto de estar

sala

papel para empapelar
papel pintado
imagen
imagen
lámpara
lámpara
estante
estante
gabinete
armario
televisor
televisión
hogar
chimenea
flor
flor
cojín
cojín
sofá
sofá
florero
jarrón
control remoto
mando a distancia

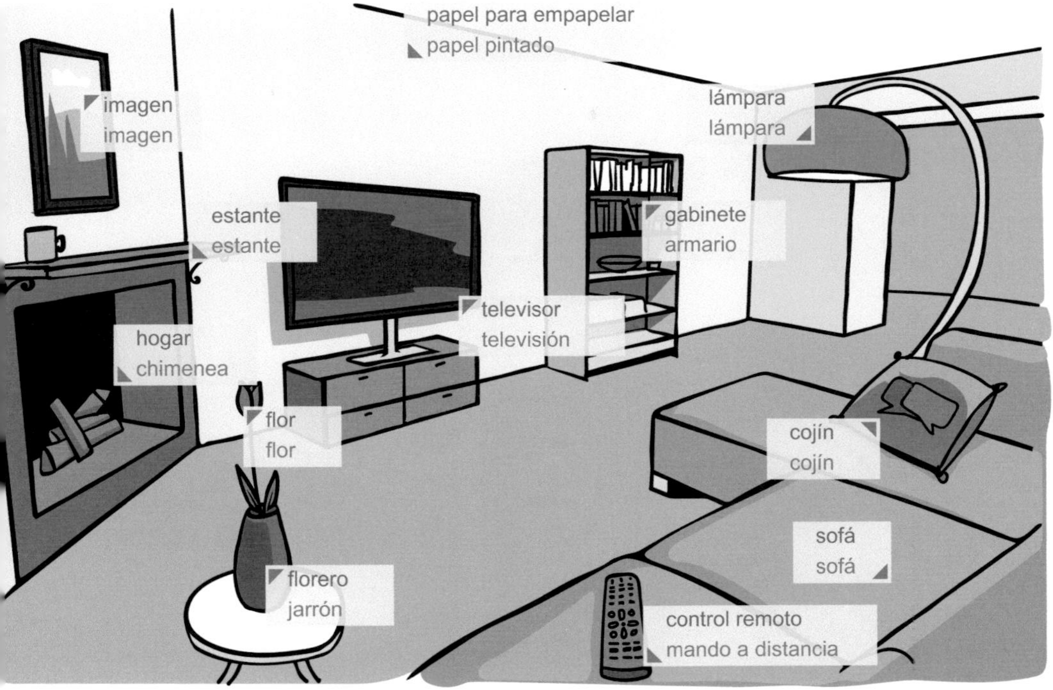

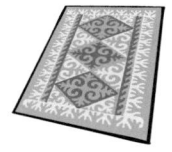

alfombra

alfombra

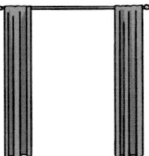

cortina

cortina

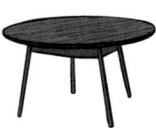

mesa

mesa

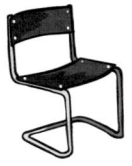

silla

silla

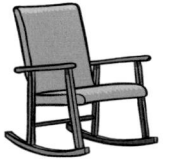

mecedora

mecedora

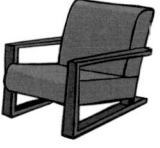

sillón

butaca

libro

libro

frazada

manta

decoración

decoración

leña

leña

film

película

equipo estereofónico

equipo de música

llave

llave

periódico

periódico

cuadro

pintura

póster

póster

radio

radio

bloc de notas

cuaderno

aspiradora

aspiradora

cactus

cactus

vela

vela

cocina
cocina

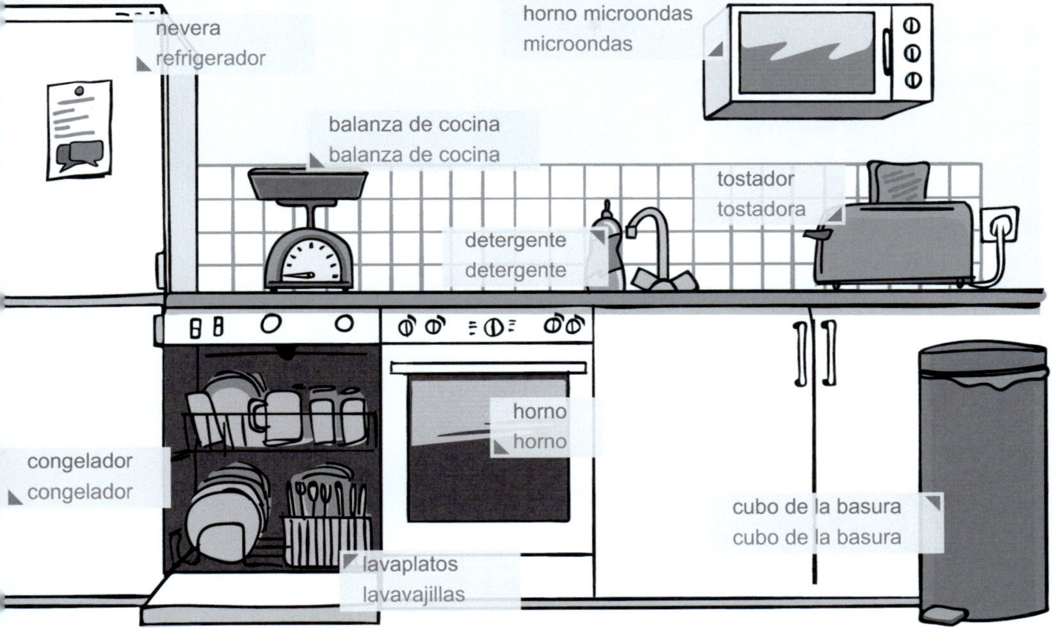
nevera
refrigerador
horno microondas
microondas
balanza de cocina
balanza de cocina
tostador
tostadora
detergente
detergente
horno
horno
congelador
congelador
cubo de la basura
cubo de la basura
lavaplatos
lavavajillas

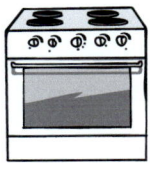

cocina

olla a presión

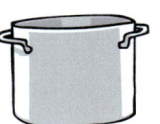

olla

olla

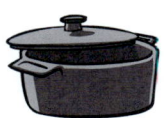

olla de fundición de hierro

olla de hierro fundido

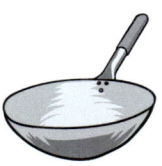

wok / kadai

wok / karahi

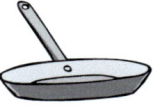

sartén

cazuela

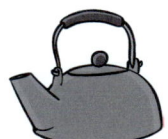

hervidor de agua

hervidor

olla de vapor

vaporera

bandeja de horno

chapa de horno

vajilla

vajilla

vaso

taza

bol

tazón

palillos para comer

palillos

cucharón de sopa

cucharón

espátula

espumadera

batidor

batidor

colador

colador

cedazo

cedazo

rallador

rallador

mortero

mortero

parrillada

barbacoa

fogata

hoguera

tabla de picar

tabla de picar

rodillo

rodillo

sacacorchos

sacacorchos

lata

lata

abrelatas

abrelatas

agarrador

agarrador

fregadero

lavabo

cepillo

cepillo

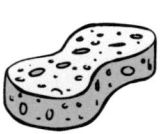

esponja

esponja

batidora

batidora

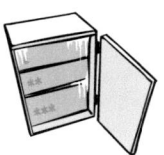

arcón congelador

congelador

biberón

biberón

grifo

grifo

cuarto de baño

cuarto de baño

calefacción
calefacción
ducha
ducha
toalla
toalla
cortina para ducha
cortina de la ducha
baño de espuma
baño de espuma
bañera
bañera
vaso
vaso
lavadora
lavadora
grifo
grifo
baldosa
baldosas
orinal
orinal
fregadero
lavabo

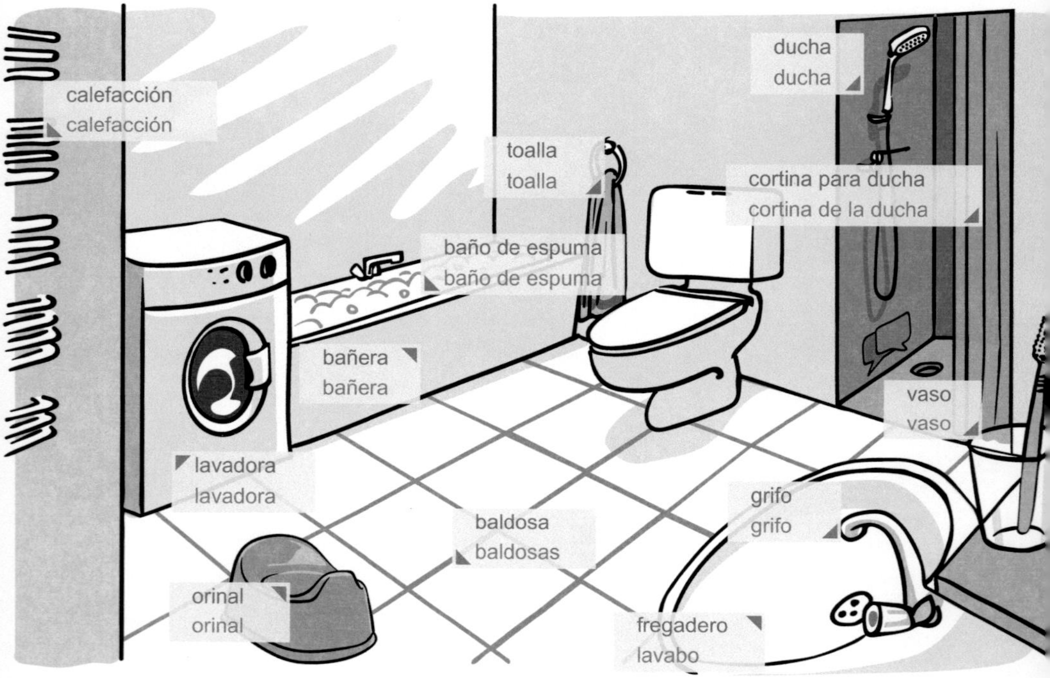

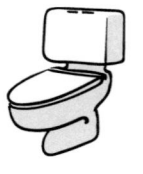

cuarto de baño

inodoro

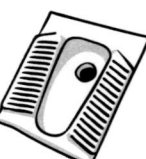

placa turca

inodoro rústico

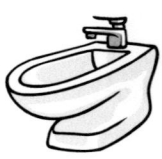

bidé

bidé

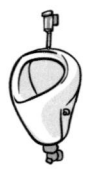

urinario

urinario

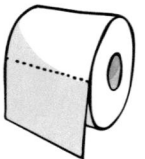

papel higiénico

papel higiénico

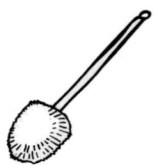

escobilla para el cuarto de baño

escobilla del váter

cepillo de dientes

cepillo de dientes

pasta dentífrica

pasta de dientes

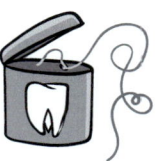

seda dental

hilo dental

lavar

lavar

ducha teléfono

ducha de mano

ducha higiénica

ducha íntima

cuenco

pila

cepillo para la espalda

cepillo de espalda

jabón

jabón

gel de ducha

gel de ducha

champú

champú

manopla para baño

toallita

desagüe

desagüe

crema

crema

desodorante

desodorante

espejo

espejo

espejo de maquillaje

espejo de tocador

máquina de afeitar

maquinilla de afeitar

espuma de afeitar

espuma de afeitar

loción para después del afeitado

loción postafeitado

peine

peine

cepillo

cepillo

secador para cabello

secador

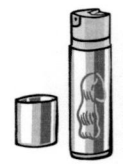

laca de peinado

laca

maquillaje

maquillaje

lápiz labial

pintalabios

laca para uñas

pintauñas

algodón

algodón

tijera para uñas

cortauñas

perfume

perfume

neceser
estuche de viaje

taburete
banqueta

balanza
balanza

bata de baño
albornoz

guantes de goma
guantes de goma

tampón
tampón

compresa
compresa

wáter químico
inodoro químico

cuarto de los niños
habitación de los niños

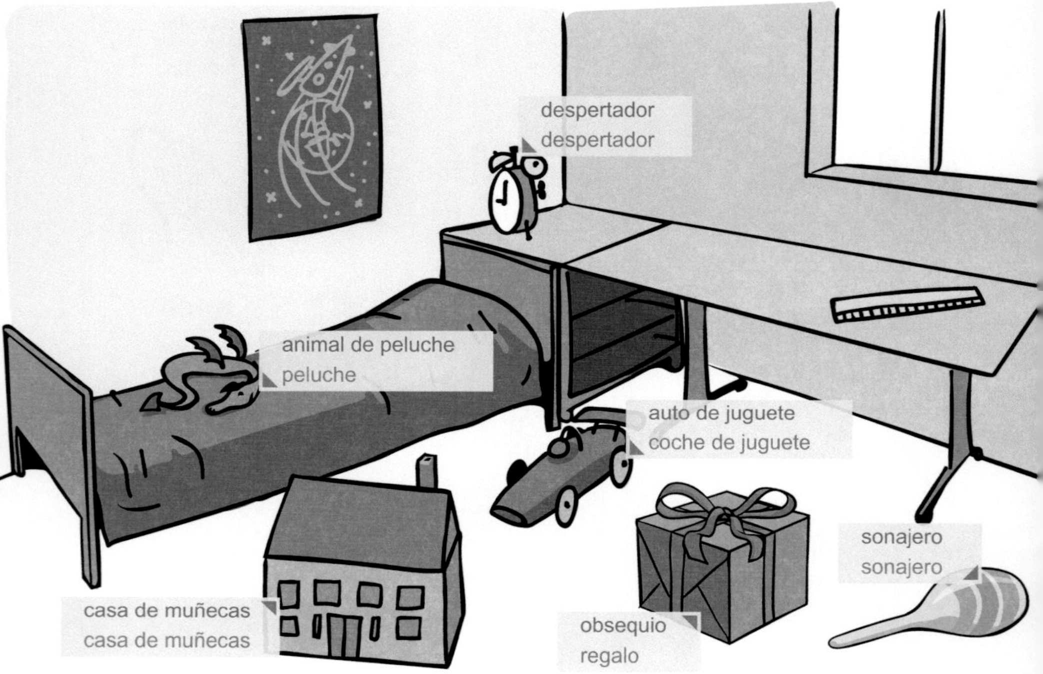
despertador
despertador
animal de peluche
peluche
auto de juguete
coche de juguete
sonajero
sonajero
casa de muñecas
casa de muñecas
obsequio
regalo

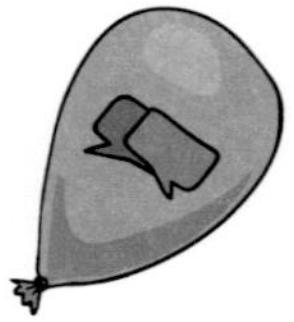

globo

globo

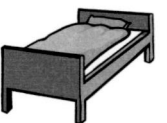

cama

cama

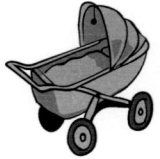

cochecito para niños

coche de niño

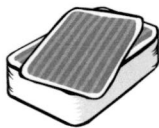

juego de barajas

naipes

rompecabezas

puzle

SUPER
MEGA

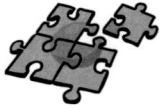

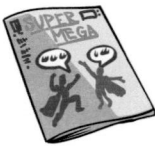

cómic

tebeo

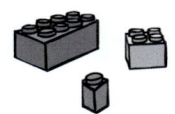

piezas de Lego

piezas de lego

bloques para jugar

bloques de juguete

figura de acción

figura de acción

pijama de una pieza

bodi (de bebé)

frisbee

frisbee

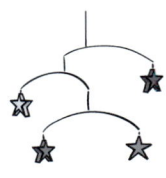

móvil

colgador móvil para bebés

juego de mesa

juego de mesa

dado

dados

tren eléctrico a escala

circuito de tren eléctrico

chupete

maniquí

fiesta

fiesta

libro de dibujos

álbum de fotos

pelota

pelota

títere

muñeca

jugar

jugar

arenero

cajón de arena

columpio

columpio

juguetes

juguetes

consola de videojuego

videoconsola

triciclo

triciclo

osito de peluche

oso de peluche

guardarropa

guardarropa

vestimenta

ropa

calcetines

calcetines

medias

medias

panti

leotardos

chal
bufanda

paraguas
paraguas

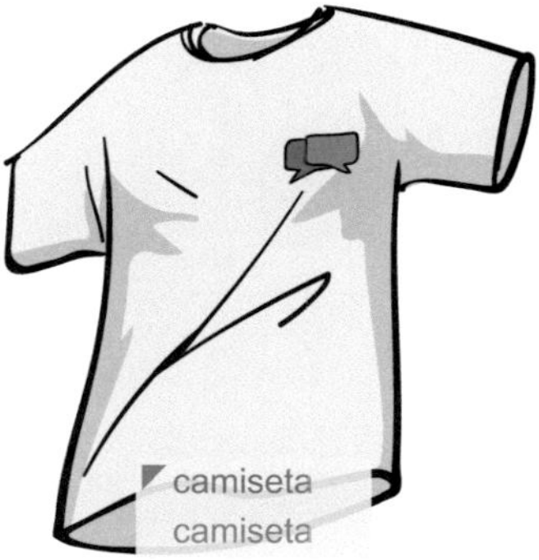

camiseta
camiseta

cinturón
cinturón

botas
botas

zapatilla
zapatillas

deportivas
deportivas

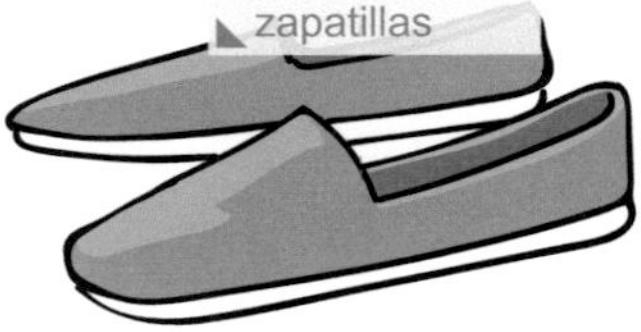

sandalias
....
sandalias

zapatos
....
zapatos

botas de goma
....
botas de goma

ropa interior
....
slip

corpiño
....
sostén

camiseta
....
chaleco

body
bodi

pantalón
pantalones

jeans
vaqueros

falda
falda

blusa
blusa

camisa
camisa

pullover
jersey

sweater
suéter

blazer
blazer

chaqueta
chaqueta

abrigo
abrigo

impermeable
gabardina

traje chaqueta
traje

vestido
vestido

vestido de bodas
vestido de novia

traje

traje

camisón

camisón

pijama

pijama

sari

sari

pañuelo de cabeza

bandana

turbante

turbante

burka

burka

caftán

caftán

abaya

abaya

traje de baño

traje de baño

bañador

bañador

shorts

pantalones cortos

chándal

chándal

delantal

delantal

guante

guantes

botón

botón

gafa

gafas

brazalete

brazalete

cadena

collar

anillo

anillo

aro

pendiente

gorra

gorra

percha

percha

sombrero

sombrero

corbata

corbata

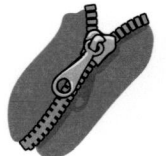

cierre a cremallera

cremallera

casco

casco

tiradores

tirantes

uniforme escolar

uniforme escolar

uniforme

uniforme

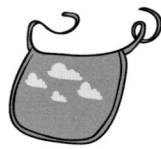

babero

babero

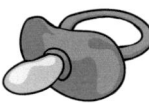

chupete

maniquí

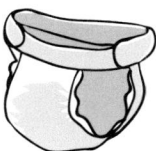

pañal

pañal

oficina

oficina

servidor
servidor
archivador
archivo
impresora
impresora
papel
papel
monitor
monitor
ratón
ratón
escritorio
escritorio
carpeta
carpeta
teclado
teclado
cesto de papeles
papelera
ordenador
ordenador
silla
silla

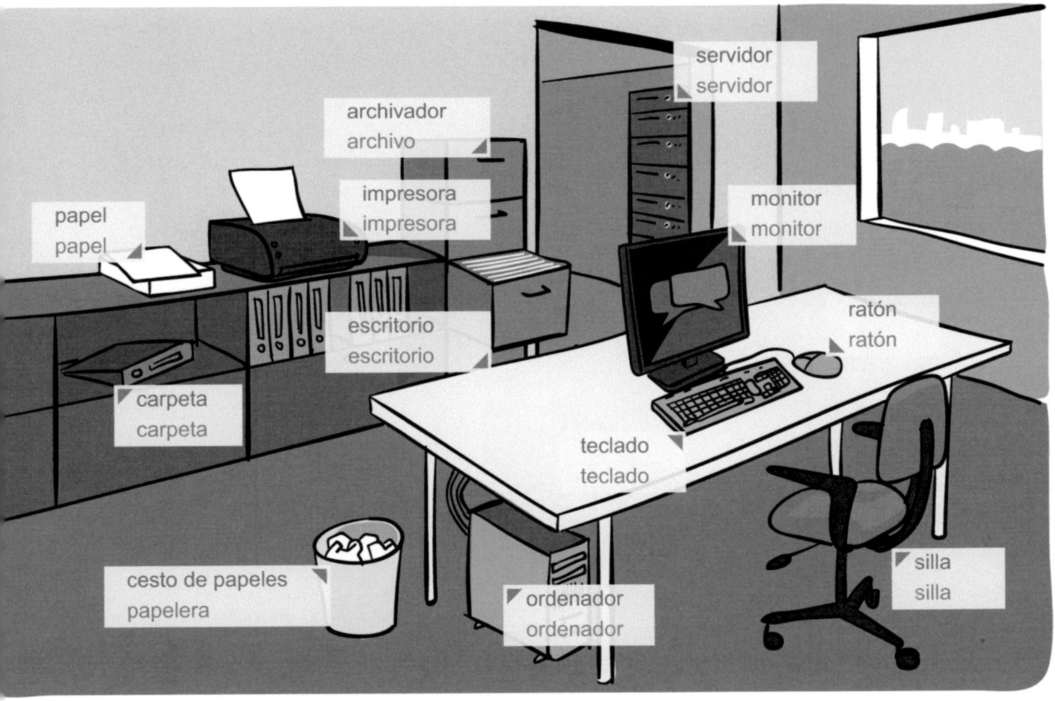

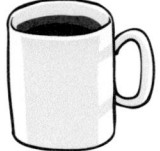

taza de café

taza de café

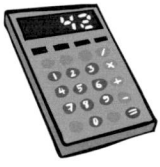

calculadora

calculadora

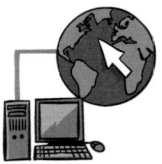

internet

internet

laptop

portátil

carta

carta

mensaje

mensaje

teléfono móvil

móvil

red

red

fotocopiadora

fotocopiadora

software

software

teléfono

teléfono

tomacorriente

toma de corriente

máquina de fax

fax

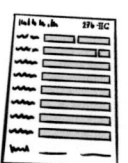

formulario

formulario

documento

documento

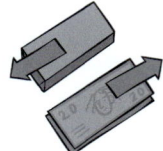

comprar
comprar

pagar
pagar

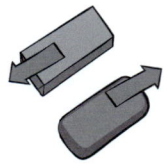

comerciar
comerciar

dinero
dinero

dólar
dólar

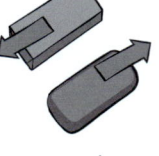

euro
euro

yen
yen

rublo
rublo

franco
franco suizo

renminbi
renminbi yuan

rupia
rupia

cajero automático
cajero automático

casa de cambio

oficina de cambio de divisas

oro

oro

plata

plata

petróleo

petróleo

energía

energía

precio

precio

contrato

contrato

impuesto

impuesto

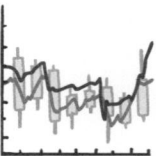

acción

acción

trabajar

trabajar

empleado

empleado

empleador

empleador

fábrica

fábrica

negocio

tienda

ocupaciones

oficios

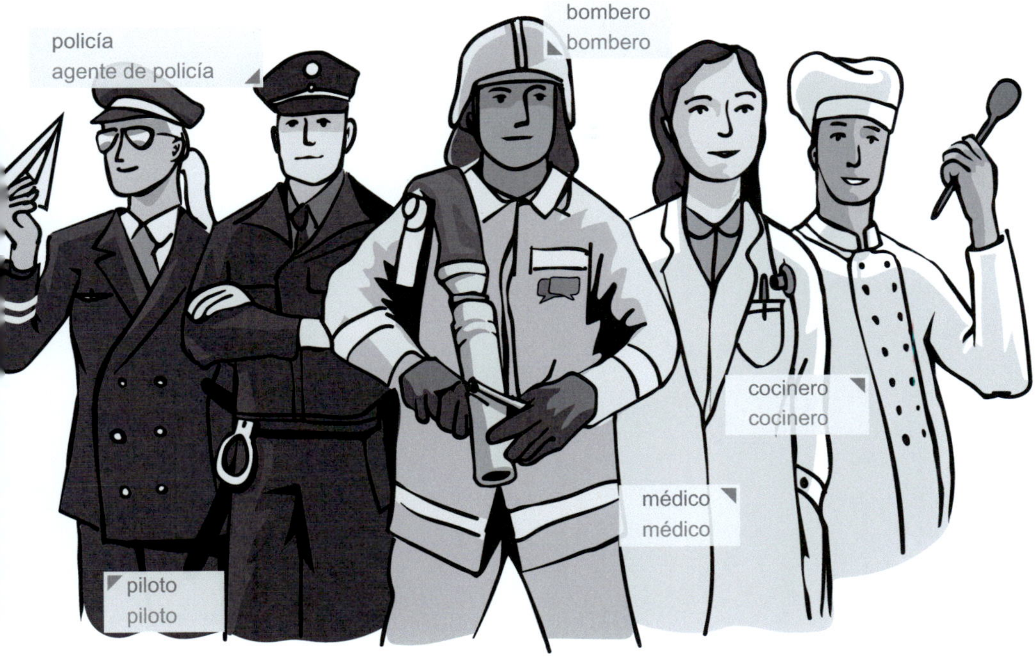
policía
agente de policía
bombero
bombero
cocinero
cocinero
médico
médico
piloto
piloto

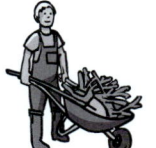

jardinero
jardinero

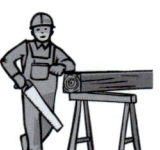

carpintero
carpintero

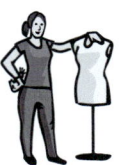

costurera
costurera

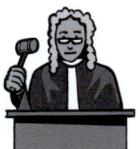

juez
juez

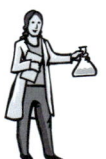

químico
farmacéutico

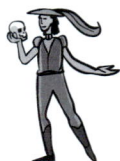

actor
actor

conductor de autobús

conductor de autobús

taxista

taxista

pescador

pescador

mujer de la limpieza

señora de la limpieza

techista

techador

camarero

camarero

cazador

cazador

pintor

pintor

panadero

panadero

electricista

electricista

albañil

obrero

ingeniero

ingeniero

carnicero

carnicero

fontanero

fontanero

cartero

cartero

soldado

soldado

arquitecto

arquitecto

cajero

cajero

florista

florista

peluquero

peluquero

cobrador

revisor

mecánico

mecánico

capitán

capitán

odontólogo

dentista

científico

científico

rabino

rabino

imam

imán

monje

monje

párroco

sacerdote

herramientas
herramientas

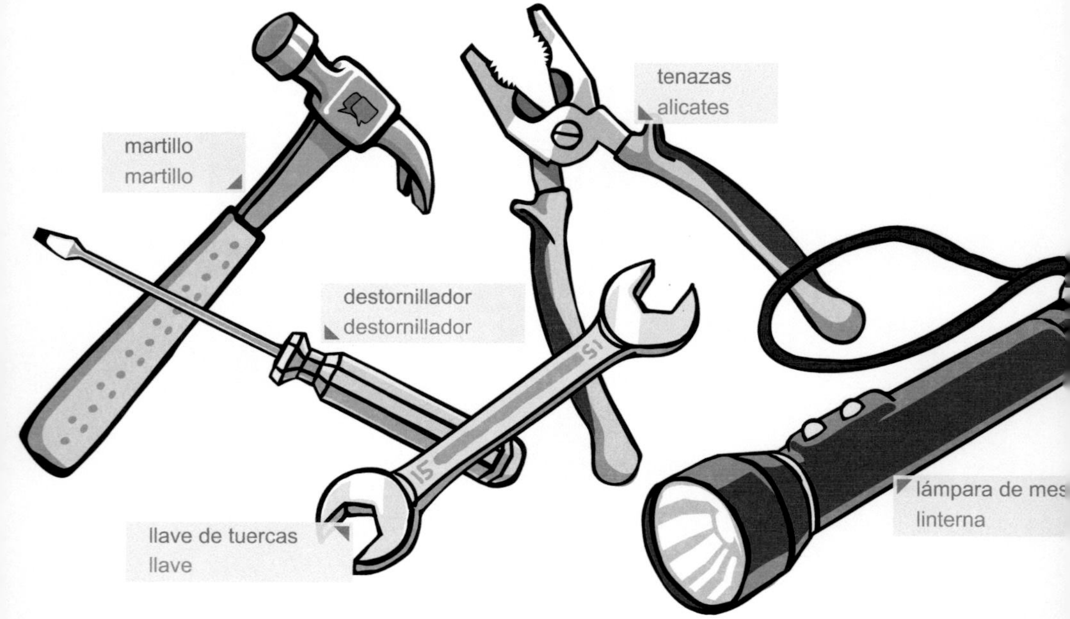
martillo
martillo
tenazas
alicates
destornillador
destornillador
lámpara de mes
linterna
llave de tuercas
llave

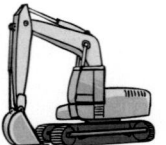

excavadora

excavadora

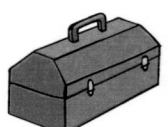

caja de herramientas

caja de herramientas

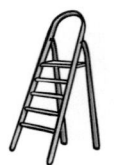

escalerilla

escalera de mano

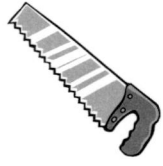

serrucho

sierra

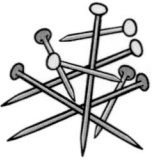

clavos

clavos

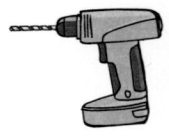

taladro

taladro

reparar
....
reparar

pala
....
pala

¡Maldición!
....
¡Maldita sea!

recogedor
....
recogedor

lata de pintura
....
bote de pintura

tornillos
....
tornillos

instrumentos musicales
instrumentos musicales

altavoz
altavoz

batería
batería ◢

guitarra
guitarra ◢

◢ contrabajo
contrabajo

trompeta
trompeta

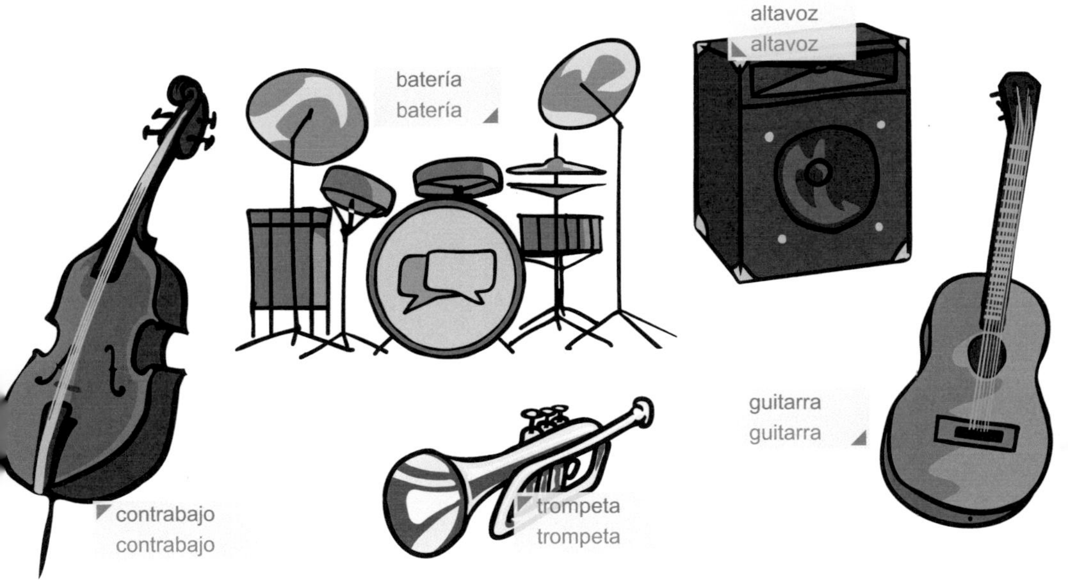

piano

piano

violín

violín

bajo

bajo

timbales

timbales

tambor

tambor

teclado

teclado

saxofón

saxofón

flauta

flauta

micrófono

micrófono

zoológico

zoo

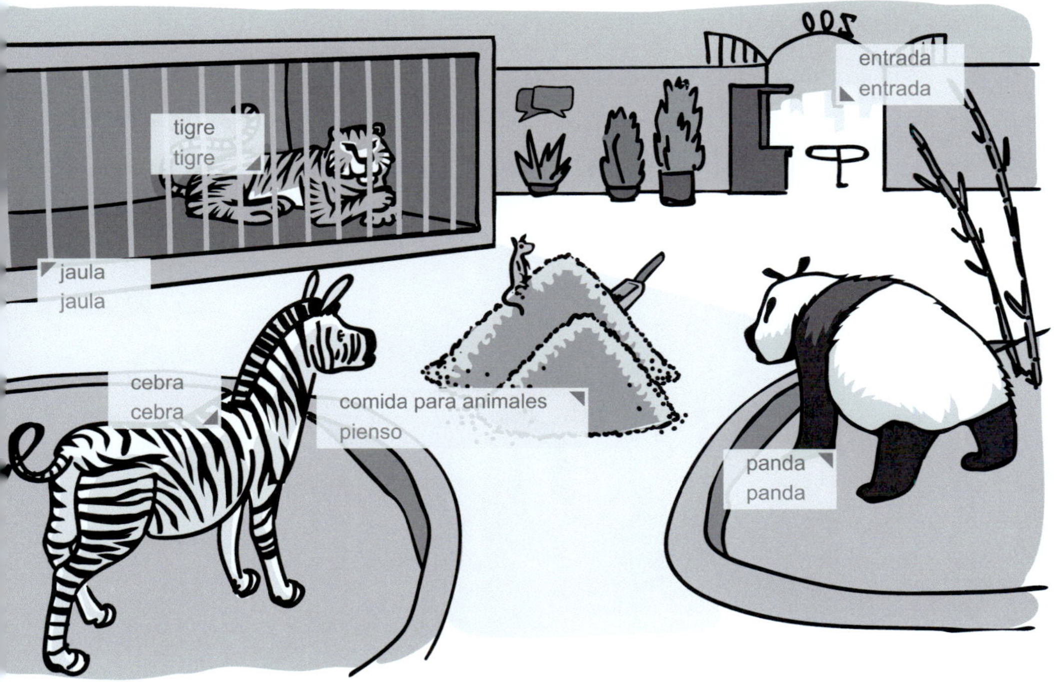
entrada
entrada
tigre
tigre
jaula
jaula
cebra
cebra
comida para animales
pienso
panda
panda

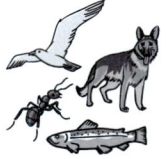

animales

animales

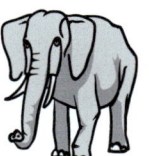

elefante

elefante

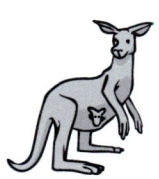

canguro

canguro

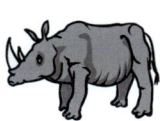

rinoceronte

rinoceronte

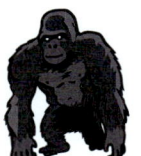

gorila

gorila

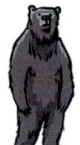

oso

oso

camello

camello

avestruz

avestruz

león

león

mono

mono

flamengo

flamingo

papagayo

loro

oso polar

oso polar

pingüino

pingüino

tiburón

tiburón

pavo real

pavo real

serpiente

serpiente

cocodrilo

cocodrilo

cuidador del zoológico

guardián de zoológico

foca

foca

jaguar

jaguar

zoológico - zoo

pony

poni

leopardo

leopardo

hipopótamo

hipopótamo

jirafa

jirafa

águila

águila

jabalí

jabalí

pescado

pescado

tortuga

tortuga

morsa

morsa

zorro

zorro

gacela

gacela

deporte
deportes

fútbol americano
fútbol americano

ciclismo
ciclismo

tenis
tenis

baloncesto
baloncesto

natación
natación

boxeo
boxeo

hockey sobre hielo
hockey sobre hielo

fútbol
fútbol

badminton
bádminton

atletismo
atletismo

balonmano
balonmano

esquí
esquí

polo
polo

actividades
actividades

reír
reír
saltar
saltar
abrazar
abrazar
caminar
caminar
cantar
cantar
soñar
soñar
rezar
rezar
besar
besar

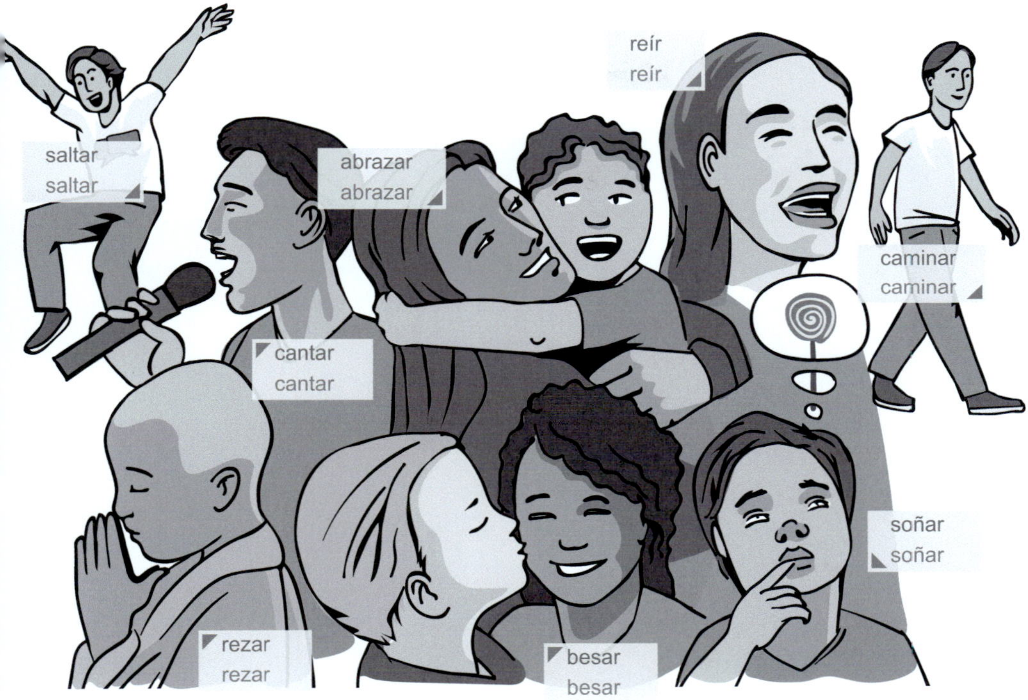

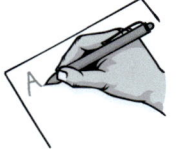

escribir

escribir

dibujar

dibujar

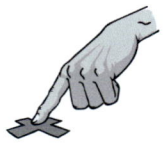

mostrar

mostrar

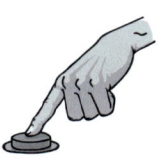

presionar

empujar

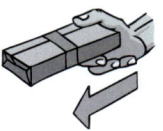

dar

dar

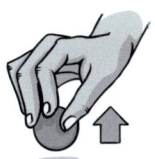

tomar

tomar

tener

tener

hacer

hacer

ser

ser

estar de pie

estar de pie

correr

correr

tirar

tirar

arrojar

tirar

caer

caer

estar acostado

yacer

esperar

esperar

llevar

llevar

estar sentado

estar sentado

vestirse

vestirse

dormir

dormir

despertar

despertar

actividades - actividades

mirar

mirar

llorar

llorar

acariciar

acariciar

peinarse

peinar

conversar

hablar

entender

entender

preguntar

preguntar

oír

escuchar

beber

beber

comer

comer

asear

ordenar

amar

amar

cocinar

cocinar

conducir

conducir

volar

volar

navegar

navegar

calcular

calcular

leer

leer

aprender

aprender

trabajar

trabajar

casarse

casarse

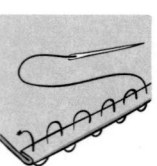

coser

coser

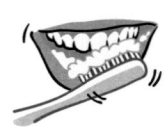

limpiarse los dientes

cepillarse los dientes

matar

matar

fumar

fumar

enviar

enviar

abuela
abuela

abuelo
abuelo

padre
padre

madre
madre

bebé
bebé

hija
hija

hijo
hijo

invitado
invitado

tía
tía

tío
tío

hermano
hermano

hermana
hermana

cuerpo

cuerpo

frente
frente
ojo
ojo
hombro
hombro
dedo
dedo
cara
cara
barbilla
barbilla
mano
mano
pierna
pierna
pecho
pecho
brazo
brazo

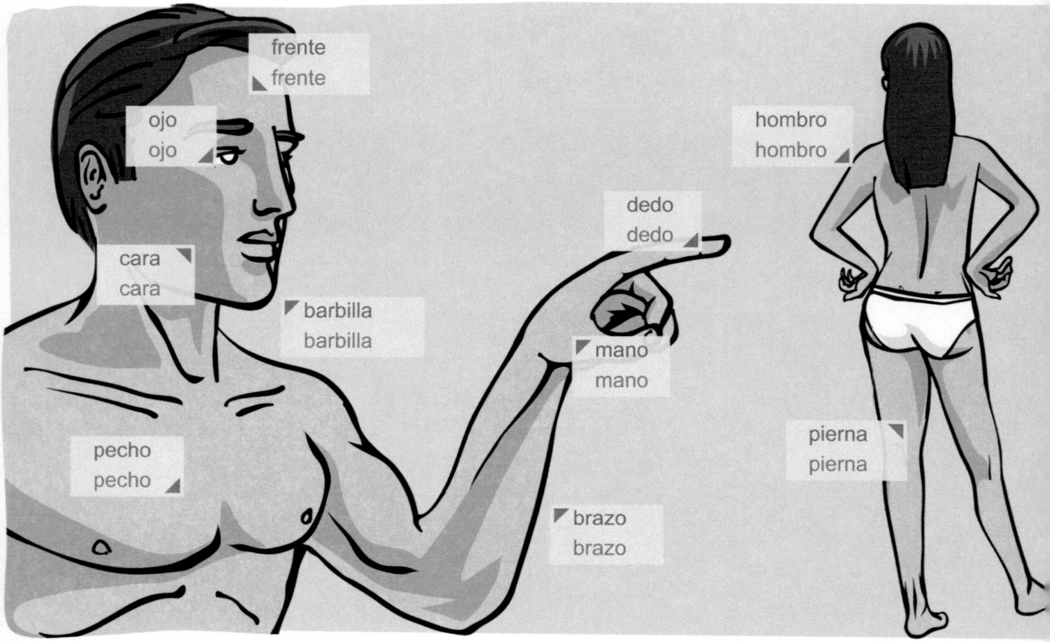

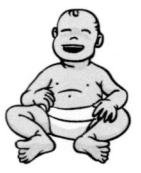

bebé

bebé

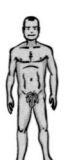

hombre

hombre

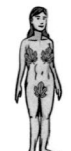

mujer

mujer

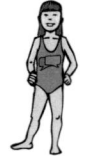

muchacha

chica

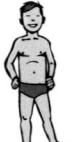

joven

chico

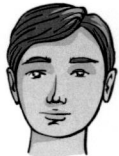

cabeza

cabeza

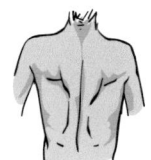

espalda

espalda

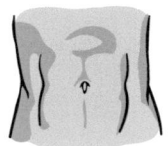

vientre

vientre

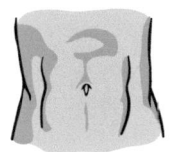

ombligo

ombligo

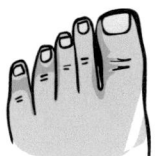

dedo del pie

dedo del pie

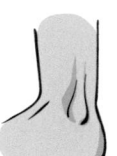

talón

talón

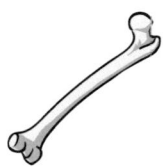

hueso

hueso

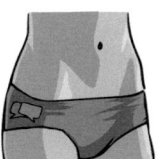

cadera

cadera

rodilla

rodilla

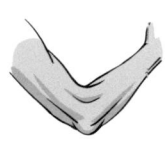

codo

codo

nariz

nariz

trasero

trasero

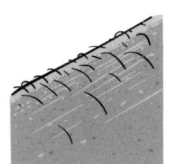

piel

piel

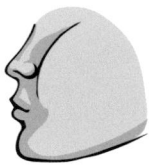

mejilla

mejilla

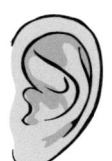

oreja

oído

labio

labio

boca

boca

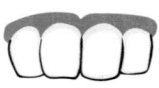

diente

diente

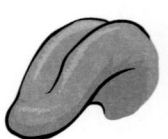

lengua

lengua

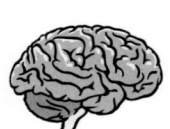

cerebro

cerebro

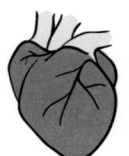

corazón

corazón

músculo

músculo

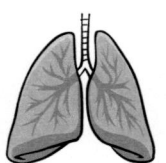

pulmón

pulmón

hígado

hígado

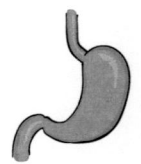

estómago

estómago

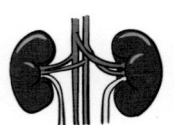

riñones

riñones

relación sexual

sexo

condón

condón

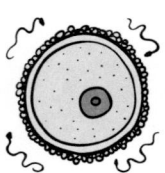

Óvulo

ovario

esperma

semen

embarazo

embarazo

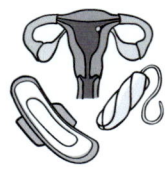

menstruación

menstruación

vagina

vagina

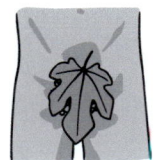

pene

pene

ceja

ceja

cabello

pelo

cuello

cuello

hospital

hospital

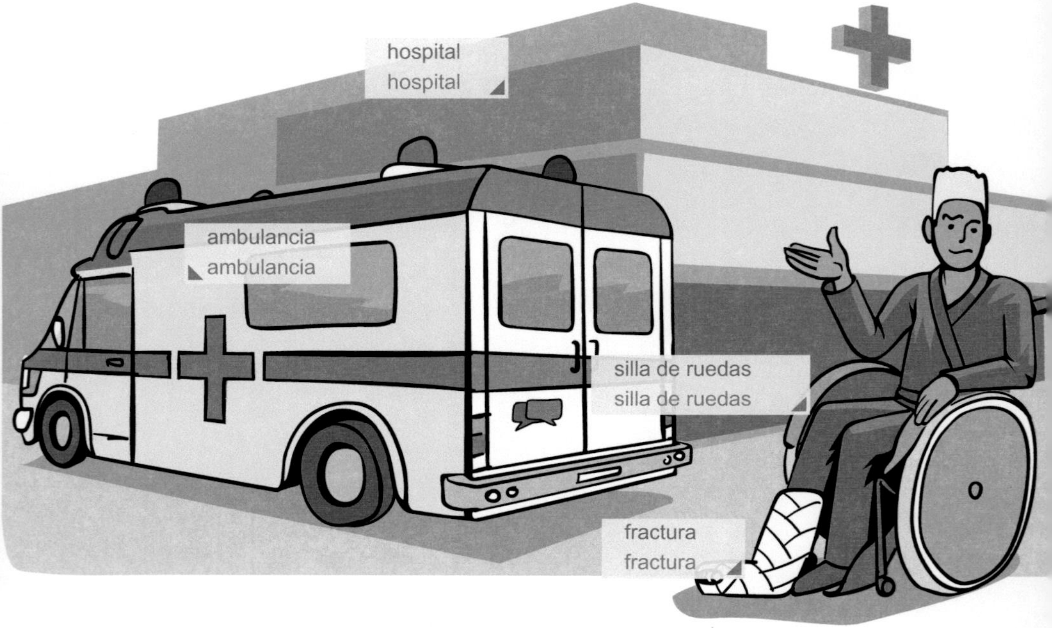

hospital
hospital
ambulancia
ambulancia
silla de ruedas
silla de ruedas
fractura
fractura

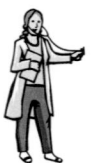

médico

médico

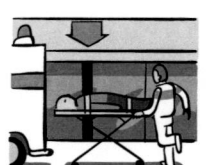

admisión de urgencia

sala de urgencias

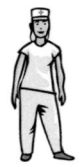

enfermera

enfermera

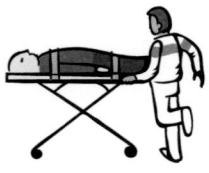

emergencia

urgencia

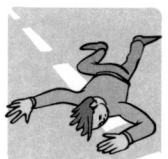

inconsciente

inconsciente

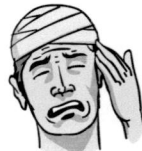

dolor

dolor

lesión

lesión

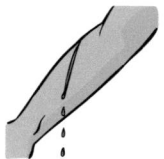

hemorragia

hemorragia

infarto de miocardio

infarto

apoplejía cerebral

ictus

alergia

alergia

tos

tos

fiebre

fiebre

gripe

gripe

diarrea

diarrea

dolor de cabeza

dolor de cabeza

cáncer

cáncer

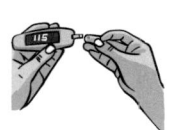

diabetes

diabetes

cirujano

cirujano

escalpelo

bisturí

operación

operación

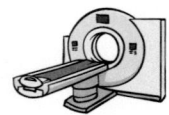

TC
TAC

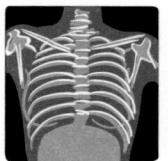

rayos X
rayos x

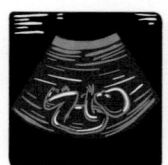

ultrasonido
ultrasonido

máscara
mascarilla

enfermedad
enfermedad

sala de espera
sala de espera

muleta
muleta

emplasto
tirita

vendaje
venda

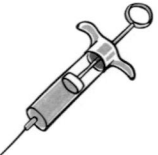

inyección
inyección

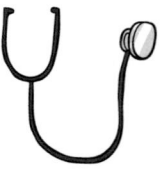

estetoscopio
estetoscopio

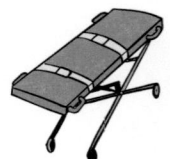

camilla
camilla

termómetro
termómetro

nacimiento
nacimiento

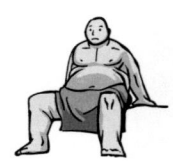

sobrepeso
sobrepeso

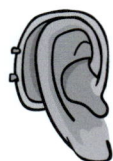

audífono

audífono

desinfectante

desinfectante

infección

infección

virus

virus

VIH / SIDA

VIH / SIDA

medicina

medicina

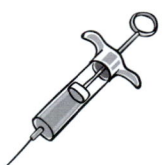

vacunación

vacunación

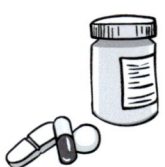

comprimido

tabletas

píldora anticonceptiva

pastilla

llamada de emergencia

llamada de urgencia

medidor de presión arterial

tensiómetro

enfermo / saludable

enfermo / sano

¡Ayuda!

¡Socorro!

alarma

alarma

asalto

asalto

ataque

ataque

peligro

peligro

salida de emergencia

salida de emergencia

¡Fuego!

¡Fuego!

extintor

extintor de incendios

accidente

accidente

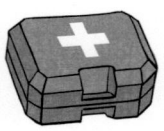

kit de primeros auxilios

botiquín de primeros
auxilios

SOS

SOS

Policía

policía

Europa

Europa

América del Norte

Norteamérica

América del Sur

Sudamérica

África

África

Asia

Asia

Australia

Australia

Atlántico

Atlántico

Pacífico

Pacífico

Océano Índico

Océano Índico

Océano Antártico

Océano Antártico

Océano Ártico

Océano Ártico

Polo Norte

polo norte

Polo Sur

polo sur

Antártida

Antártida

Tierra

tierra

país

tierra

mar

mar

isla

isla

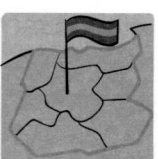

nación

nación

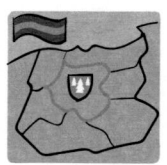

Estado

estado

cuadrante

esfera

horario

manecilla de las horas

minutero

minutero

segundero

segundero

¿Qué hora es?

¿Qué hora es?

día

día

tiempo

tiempo

ahora

ahora

reloj digital

reloj digital

minuto

minuto

hora

hora

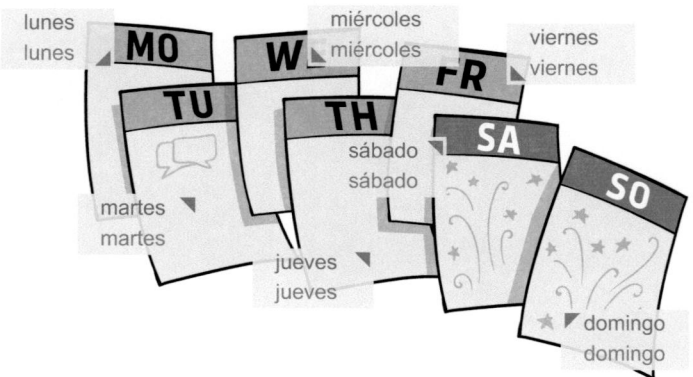

lunes
lunes

miércoles
miércoles

viernes
viernes

martes
martes

sábado
sábado

jueves
jueves

domingo
domingo

ayer

ayer

hoy

hoy

mañana

mañana

mañana

mañana

mediodía

mediodía

tarde

tarde

jornada de trabajo

días laborables

fin de semana

fin de semana

lluvia
lluvia

arco iris
arcoíris

viento
viento

nieve
nieve

primavera
primavera

otoño
otoño

verano
verano

invierno
invierno

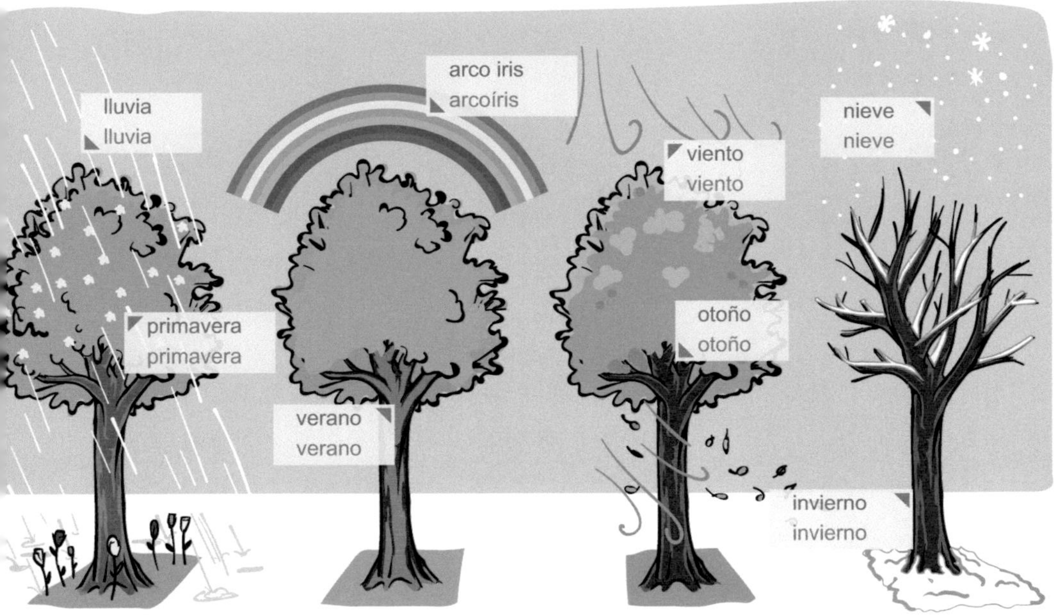

pronóstico meteorológico

pronóstico del tiempo

termómetro

termómetro

luz solar

sol

nube

nube

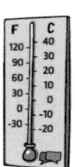

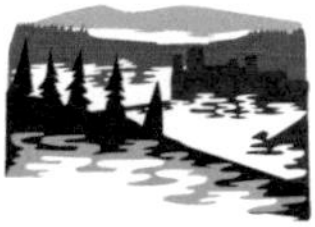

niebla

niebla

humedad ambiente

humedad

relámpago

rayo

trueno

trueno

tormenta

tormenta

granizo

granizo

monzón

monzón

inundación

inundación

hielo

hielo

enero

enero

febrero

febrero

marzo

marzo

abril

abril

mayo

mayo

junio

junio

julio

julio

agosto

agosto

septiembre

septiembre

octubre

octubre

noviembre

noviembre

diciembre

diciembre

formas

formas

círculo

círculo

cuadrado

cuadrado

rectángulo

rectángulo

triángulo

triángulo

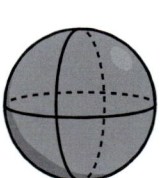

esfera

esfera

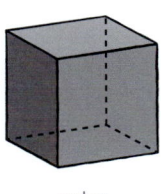

cubo

cubo

colores

colores

blanco

blanco

amarillo

amarillo

anaranjado

anaranjado

rosa

rosa

rojo

rojo

lila

morado

azul

azul

verde

verde

marrón

marrón

gris

gris

negro

negro

mucho / poco

mucho / poco

enojado / calmado

enojado / tranquilo

bonito / feo

bonito / feo

comienzo / fin

principio / fin

grande / pequeño

grande / pequeño

claro / oscuro

claro / oscurc

hermano / hermana

hermano / hermana

limpio / sucio

limpio / sucio

completo / incompleto

completo / incompleto

día / noche

día / noche

muerto / vivo

muerto / vivo

ancho / angosto

ancho / estrecho

disfrutable / no disfrutable

comestible / no comestible

malo / amigable

malo / amable

excitado / aburrido

entusiasmado / aburrido

gordo / delgado

gordo / delgado

primero / último

primero / último

amigo / enemigo

amigo / enemigo

lleno / vacío

lleno / vacío

duro / suave

duro / blando

pesado / liviano

pesado / ligero

hambre / sed

hambre / sed

enfermo / saludable

enfermo / sano

ilegal / legal

ilegal / legal

inteligente / tonto

inteligente / tonto

izquierda / derecha

izquierda / derecha

cercano / lejano

cerca / lejos

nuevo / usado

nuevo / usado

nada / algo

nada / algo

viejo / joven

viejo / joven

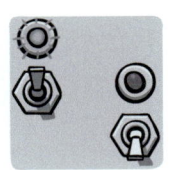

encendido / apagado

encendido / apagado

abierto / cerrado

abierto / cerrado

bajo / fuerte

silencioso / ruidoso

rico / pobre

rico / pobre

correcto / incorrecto

correcto / incorrecto

áspero / liso

áspero / suave

triste / alegre

triste / contento

breve / extenso

corto / largo

lento / veloz

lento / rápido

mojado / seco

húmedo / seco

caliente / frío

cálido / frío

guerra / paz

guerra / paz

0

cero

cero

1

uno

uno

2

dos

dos

3

tres

tres

4

cuatro

cuatro

5

cinco

cinco

6

seis

seis

7

siete

siete

8

ocho

ocho

9

nueve

nueve

10

diez

diez

11

once

once

12
doce

doce

13
trece

trece

14
catorce

catorce

15
quince

quince

16
dieciséis

dieciséis

17
diecisiete

diecisiete

18
dieciocho

dieciocho

19
diecinueve

diecinueve

20
veinte

veinte

100
cien

cien

1.000
mil

mil

1.000.000
millón

millón

inglés
inglés

inglés estadounidense
inglés americano

chino mandarín
chino mandarín

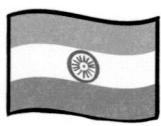

hindi
hindi

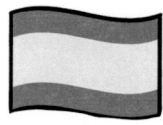

español
español

francés
francés

árabe
árabe

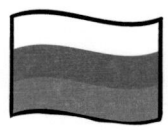

ruso
ruso

portugués
portugués

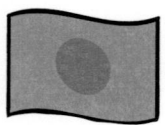

bengalí
bengalí

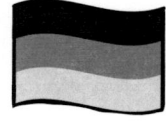

alemán
alemán

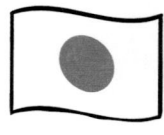

japonés
japonés

yo
yo

tú
tú

él / ella
él / ella / ello

nosotros
nosotros/as

vosotros
vosotros/as

ellos
ellos/as

¿quién?
¿quién?

¿qué?
¿qué?

¿cómo?
¿cómo?

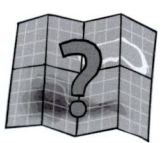

¿dónde?
¿dónde?

¿cuándo?
¿cuándo?

nombre
nombre

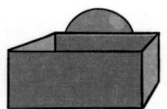

detrás
detrás

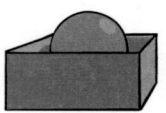

en
en

delante de
delante de

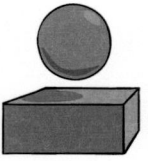

encima de
por encima de

sobre
sobre

debajo de
debajo de

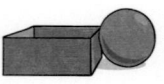

junto a
junto a

entre
entre

lugar
lugar